reabitar

reabitar
demetrios galvão

© moinhos, 2019.
© demetrios galvão, 2019.

edição:
camila araujo & nathan matos

revisão:
nathan matos

diagramação e projeto gráfico:
lucas rolim e literaturabr

ilustrações internas e capa:
rogério narciso

capa:
lucas rolim & sérgio ricardo

1ª edição, belo horizonte, 2019.

nesta edição, respeitou-se o
novo acordo ortográfico da língua portuguesa.

dados internacionais de catalogação na publicação (cip) de acordo com isbd

D377r
demetrios, galvão
reabitar / demetrios galvão.
belo horizonte, mg : moinhos, 2019.
68 p. ; 12cm x 18cm.
isbn: 978-65-5026-013-2
1. literatura brasileira. 2. poesia. I. título.

2019-999
                          cdd 869.1
                          cdu 821.134.3(81)-1

elaborado por odilio hilario moreira junior — crb-8/94949

índice para catálogo sistemático:
1. literatura brasileira : poesia 869.1
2. literatura brasileira : poesia 821.134.3(81)-1

todos os direitos desta edição reservados à
editora moinhos | editoramoinhos.com.br | contato@editoramoinhos.com.br

Sumário

enigma necessário	9
a mensagem do santo	10
reabitar 1	12
reabitar 2	16
travessia	18
o equilíbrio, o pensamento	19
feridas da visão	20
memória	23
teoria mortal do esquecimento	24
eternidade	25
útero paterno	26
som refugiado	28
clara voz	29
o amor finge de surdo	30
hóspede inconfesso	32
expansão do átomo	33
o campo magnético do amor	34
equilibrista do tempo	35
o prazer do encontro	36
caos calmo	37
abismo	38
a álgebra dos sentidos	39
árida galáxia	40
língua	41
corpos-siderais	42
noite de ontem	43
fenomenologia das 7 vidas	44
rugido no céu	45
rotação dos vivos	47
ternura	48

na outra borda da noite
o amor é possível

alejandra pizarnik

defendo-me da morte povoando
de novos sonhos a vida

alexandre o'neill

enigma necessário

a idade é um labirinto que
se molda no combate
me interessa o enigma necessário
a emoção de voz suave

saudar o fluxo perene do sangue
festejar em silêncio o sol que ilumina o rosto
o incêndio calmo que aquece a carcaça

aparo os excessos de tempo junto à pele
seguro em uma mão o afeto de outra mão
em sintonia com um satélite
que orienta o desejo

– não se pode morrer facilmente.

a mensagem do santo

é noite de chamar o santo
para se proteger do fim do mundo

o santo mensageiro atende o chamado e
    vem falar da leveza do avesso
    da temperatura do desequilíbrio alegre
    da seiva que fortifica a vida
    como substância alimentar do espírito

o santo veio mostrar os caminhos para
    os litorais nativos
    o interior virgem de olhares estrangeiros
    para as ervas que alimentam
    na imensidão da floresta festiva

o santo bate tambor e dança
    lança enigmas e pinta o rosto
    toma cachaça e embola a língua
    revela o futuro em conchas do velho mar
    revolve lembranças tribais

o santo vai embora depois da festa
  e fica o mistério da vidência
  a esperança de que o mundo não acabará.

reabitar 1

1
algo acontece
nos bueiros
da pele

uma vespa
fez do pulmão
a sua morada.

2
o acidente inesperado
desabriga

retomar
os escombros
com alguns volts
de esperança.

3
desenraizar o amargor
e a violência

se refugiar
na solitária nudez
além matéria

esperar uma luz
mensageira
para desanuviar.

4
reabitar a casca
corpórea
do pensamento

onde se ouve
a oração dos mortos

e a natureza
sussurra
um vento-pacífico.

reabitar 2

1
a esperança
desafia a gravidade
e levanta os mortos

reanima os segredos da casa
com o toque do invisível

perturbamos
os domínios da morte
com nossa felicidade.

2
o irromper da luz
e sua energia
intangível

magnetismo
que me faz
manter os olhos
no nascente

e imaginar um lugar
que deus
não conheça.

travessia

saltar do visível para o invisível
pela palavra
travessia que avança
sobre a mortalidade
e prolonga a finitude

nesse espaço
deitar sobre a vida e a morte
plantar o coração
e esperar que germine
entre as mãos da terra

– ficar vazio do mundo
encontrar o silêncio primeiro.

o equilíbrio, o pensamento

equilibrar-se
com espinhos
agulhas

no agudo
timbre
da perfuração

buscar o
alívio
dos males

que o
corpo
coleciona

quando não há
leveza
no pensamento.

feridas da visão

1
sofro de dor prematura
em diversos tons

uma angústia que penetra
as fibras da imaginação

lugar onde a mão
não chega

resta inventar um abrigo
fora da carne

2
os cabelos
carregam a extensão
de anos

a tensão sanguínea
na imaterialidade da
alucinação

convoco omolú e sua magia
para curar as feridas
da minha visão.

3
entre rochas e sombras
germina o sonho
na cavidade porosa

levito sobre a erosão dos músculos
observo a migração dos pássaros
ensaio um rito, uma revelação

busco no espaço do silêncio
a resiliência necessária
para manter o corpo aceso.

memória

encontrar um lugar
para abrigar a memória
da infância

compor a infância
em uma nova
memória

renovar a existência
a começar pela
infância.

**teoria mortal
do esquecimento**

na noite estendida
dos viajantes
sonâmbulos

buscávamos especiarias
nas artérias alagadas
da infância

a memória
úmida em suas
reminiscências

encontramos
um mapa inacabado
onde fomos
continente

descobrimos
a teoria mortal
do esquecimento.

eternidade

cruzo duas noites
no ventre das mãos

os relâmpagos cintilam
fé pagã e abolições
repito uma prece 80 vezes
dentro do silêncio magnético

cruzo o que posso
na aldeia do pensamento

vozes que vêm de longe
no verso do tempo
sussurrar vertigens
de um evangelho cósmico

cruzo algumas vidas
no terreiro de ossos

– a eternidade
é um sonho insuportável.

útero paterno

uma voz quebrada
corre dentro do homem

ecoa pelas tubulações
((((((((ósseas))))))))

– o som vira carne-doída –

é o grito de um filho
que pede abrigo
a um pai

o homem sente febre
e tem medo de falar
o que lhe dói

tem medo da física
desse som e da realidade
da palavra

o homem alimenta
o filho com a substância
do seu útero paterno

e torce para acordar bem.

som refugiado

arranca com a boca
o silêncio do corpo

pronuncia o som
refugiado

liberta a divergência
da musculatura

a energia que
multiplica a vida.

clara voz

polir os ossos
polir o pensamento
até a voz ficar mais clara
até encontrar uma geometria
que não caiba confissão

a força encorpa
dentro do casulo
nessa acústica especial
pensamento e ossos
andam em círculos

sabedoria que usa a amnesia
para construir teses
no movimento impreciso
o segredo aceita o exílio.

o amor finge de surdo

movediços são os olhos
na tempestade de enigmas
o desgaste dos dentes
na intensa luz da manhã

os tendões tem seu tremor
suas oscilações de medo
folheamos compêndios de catástrofes
e suas ilustrações pedagógicas

o assédio cinematográfico
desata escombros profundos
fragiliza as convicções que
oxidam no beiral da varanda

a pólvora estampa sua assinatura no tempo
a ferrugem corrompe a carne
e deus perde o controle

– o amor finge de surdo
nos intervalos da rotação.

hóspede inconfesso

a noite
agasalha o silêncio
em pouca luz

mata a sede
do esquecimento

o hospede inconfesso
é uma miragem
com os pés na terra

um beijo
extremo de paz.

expansão do átomo

mamífero amplificado
tenciona oscilações
envia sinais duvidosos

um sentimento improvável
veste o animal com lágrimas
e o núcleo do átomo se expande.

o campo magnético do amor

para a menina amália

ver nem sempre
é necessário
para sentir o afeto
que preenche os espaços

o sentimento é percebido
pelo campo magnético
do amor

a medicina não alcança
as questões imateriais
os detalhes fora dos órgãos

por vezes, é no escuro
que se percebe a amplidão divina
uma voz sem palavra, um silêncio sábio

ver é enxergar com o corpo
todo ser floresce
quando bem amado.

equilibrista do tempo

para meu avô assis galvão

encontrei meu avô em uma fotografia
montado em uma bicicleta
andando por uma rua antiga
carregava gentilezas montadas na garupa

fiquei olhando o imprevisto...
peguei com cuidado e levei para casa

todos os dias percorro
o mesmo caminho com ele
e imagino a nossa conversa
naquele pedaço de rua
na dimensão elegante em que vive imóvel
parado no meio da pedalada:

um equilibrista do tempo.

o prazer do encontro

o homem desconfia
da tradição
e prefere codificar
uma natureza divergente

cansou das afirmações sólidas
e deseja conquistar
uma cidadania longe do medo
um título de gente
sem calafrio

plantar recordações
em espaço borrado
descobrir uma língua
para o prazer do encontro.

caos calmo

além de memórias
o poeta coleciona sucatas e ruínas
para o trabalho nas madrugadas

o esforço manual e paciente
de descascar palavras
no precipício de criaturas cintilantes

lá onde os bichos são cegos
e a linguagem é um ruído
uma faísca no escuro das águas.

abismo

a noite
é escura
em sua sombra

esconde criaturas
no abismo das
palavras

sangra a distância
entre o signo
e a coisa

a lua é o astro
que ilumina
o fosso.

a álgebra dos sentidos

entre árabes e latinos
combinar números, vocábulos
criar enigmas
sobre o mundo

dominar a mística
e a álgebra dos sentidos

projetar no lado de dentro
uma cidade
submersa na inconstância
dos códigos.

árida galáxia

o espaço deforma
na gravidade da palavra
sertão

(o salmo espinhoso
a água salobra
um caminho-vão)

impressão solar
na árida galáxia.

língua

tencionar gesto e som
no movimento da língua

o gosto da saliva
o estalar das sílabas
na profundidade da boca

submergir na linguagem
molhada

(desalinho, desequilíbrio)

– o prazer movediço
da língua.

corpos-siderais

cartas estelares são lançadas
no espectro contínuo
de nossos corpos-siderais

nenhum satélite será abrigo
enquanto vagarmos sem controle
seguindo a voz púrpura que queima

ainda guardo no armário
um céu adoecido de urticárias
e a dormência no olhar
mirando ruínas celestes.

noite de ontem

a calma cor dos teus olhos
marca pesado em meus pulmões
estampa em nossas camisetas
as manchas da noite de ontem:

nossos corações tremulam
em uma bandeira sem pátria.

fenomenologia das 7 vidas

o gato faz do corpo
o próprio brinquedo

sua sétima vida
é o mistério

que se guarda
a sete saltos
do infinito.

rugido no céu

I
em março de 2016
um avião saindo de bogotá
levou 33 leões

resgatados de circos
na colômbia e no peru

para um santuário privado
na áfrica do sul.

II
um avião leva leões
ao paraíso

a savana atinge as nuvens
no voo selvagem

alguém pede perdão
e aposenta a maldade.

rotação dos vivos

os peixes
engolem o que os mortos
deixaram para trás

os caminhos
se abrem ante as lacunas
e o planeta
gira outra rotação

os cavalos
arrastam com a firmeza
de suas mandíbulas
a fé dos animais

– a força da natureza
vibra nos vivos.

ternura

vocábulo sensorial manso
      tertúlia de estrelas-mãe
           – o afeto salva a vida dos homens.

ilustrações
rogério narciso

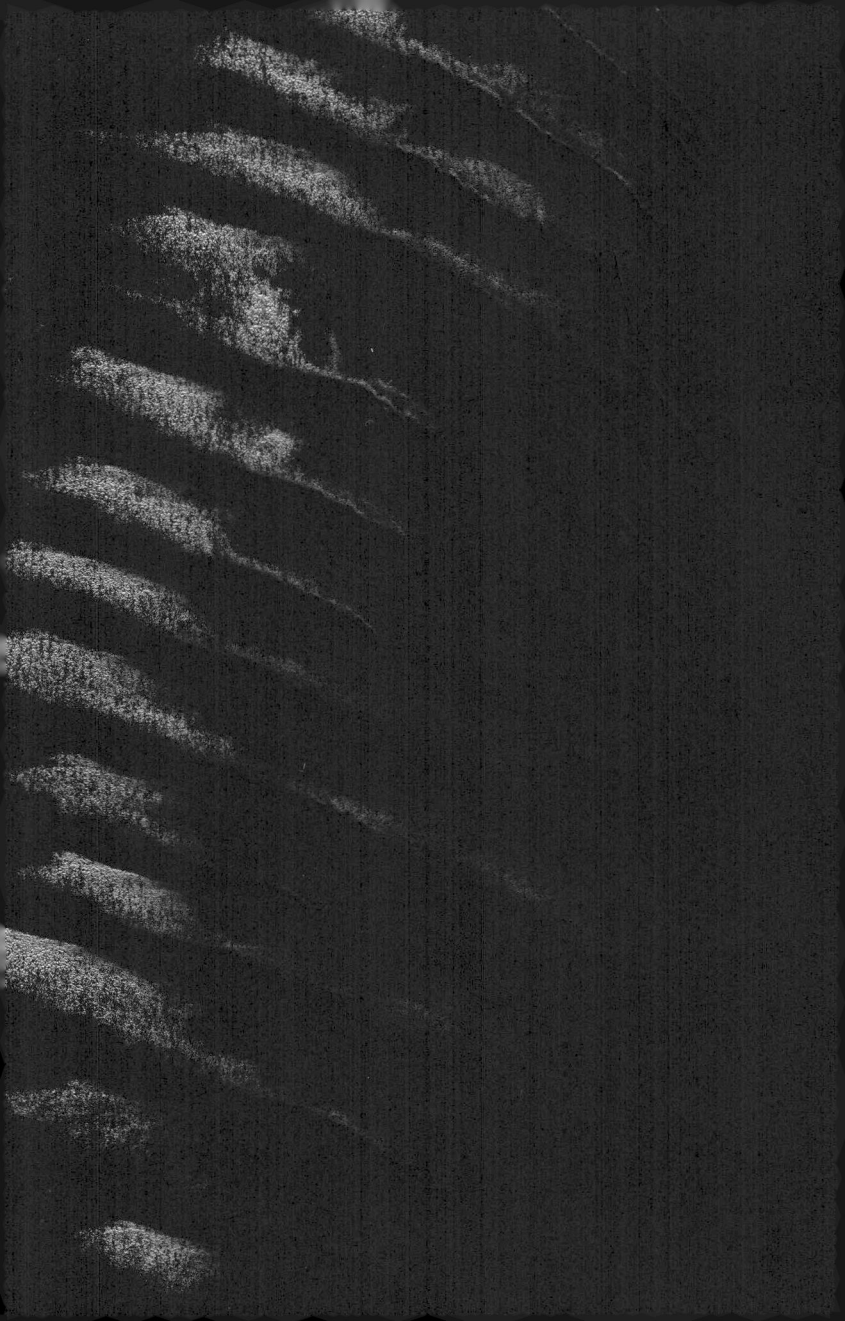

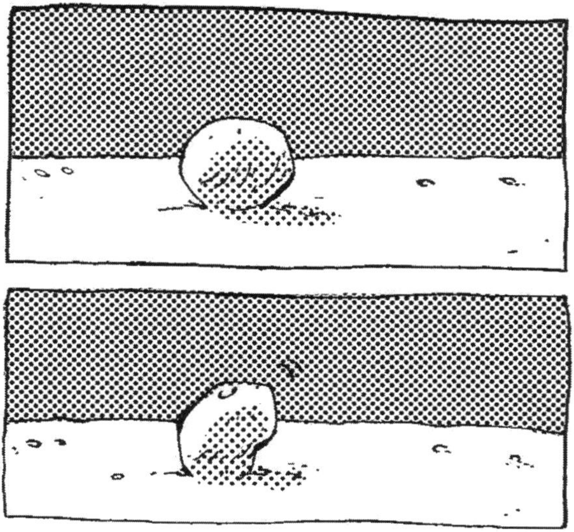

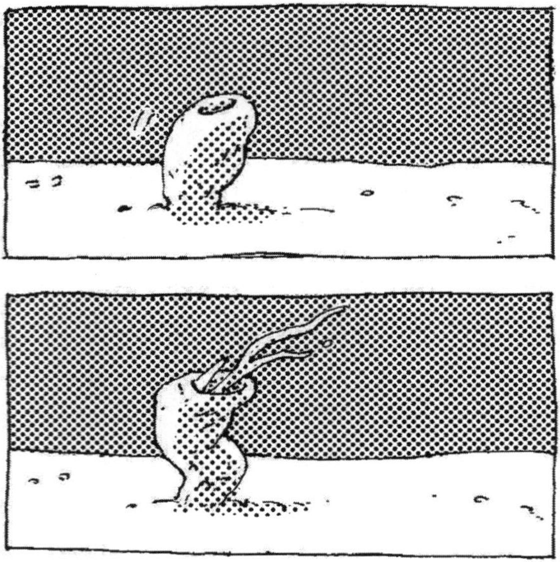

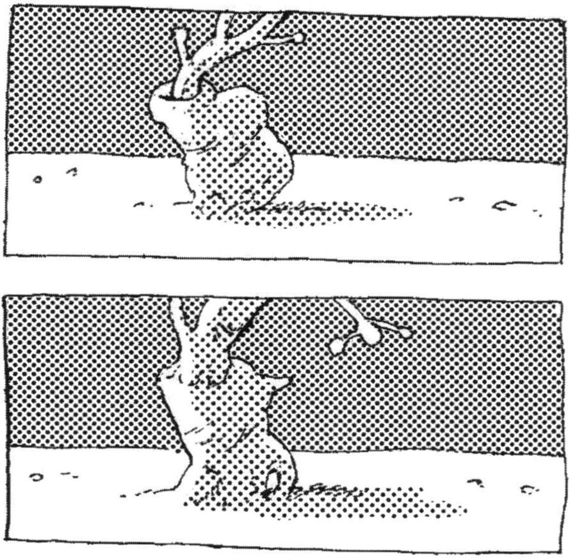

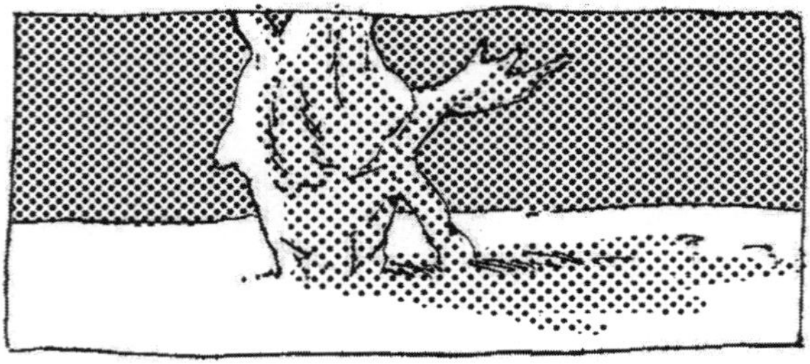

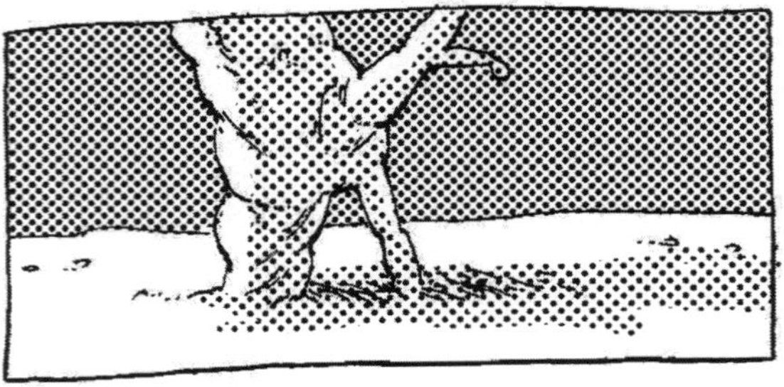

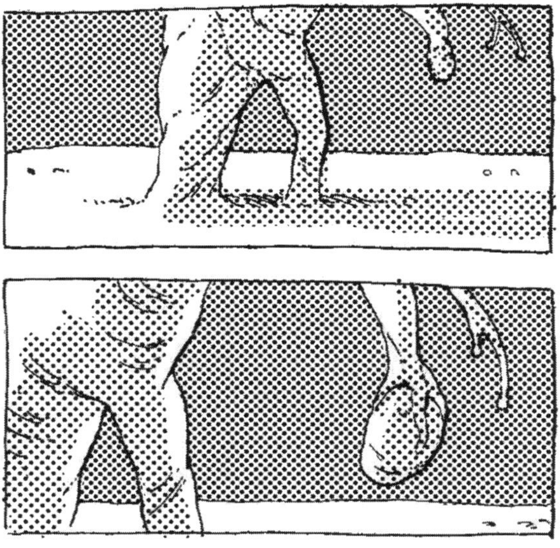

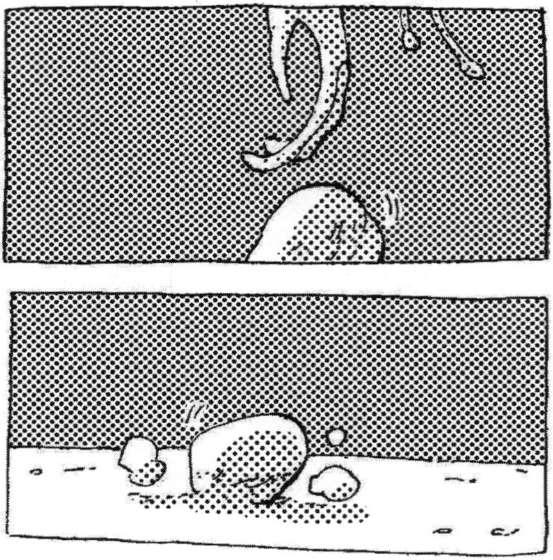

. NARCISO . 2019 .

Quando a linguagem poética nos (co)move a um novo e metafísico reabitar

Sem nenhuma pretensão de discorrer sobre questões teóricas no campo das letras, essa fala - e digo que é uma fala - pois que esta, reflete um diálogo textual com este livro, que me arrebatou de forma física e orgânica a me lançar para o centro de suas imagens e, desse centro, fazer a escuta da voz poética de Demetrios Galvão, deixo, aqui, as impressões de uma leitura afetiva de quem escreve para quem escreve.

Devo antes, ressaltar que as palavras em itálico e negrito são versos que compõe os poemas deste REABTAR e, sobre os quais, tomei para mim a licença poética de incorporá-los ao texto que lhe apresenta.

Antes, devo citar Octavio Paz em excerto de seu texto *A nova analogia: poesia e tecnologia*:

"(...) Os atos e as palavras dos homens são feitos de tempo, são tempo: são um para isto ou aquilo,

seja qual for a realidade que o isso ou o aquilo designem, sem excluir sequer o nada. O tempo é o depositário do sentido. O poeta diz que o que o tempo diz, mesmo quando o contradiz: nomeia o transcorrer, faz da sucessão palavra. A imagem do mundo se dobra na ideia do tempo e esta se desdobra no poema".

Se o que habitamos é o espaço e o espaço habita o tempo, somos, portanto, habitantes do tempo. Imbuída dessa ideia e sentimento, debrucei meus olhos sobre o livro. Este livro, em seus mais misteriosos desdobramentos no poema, nos convida a transver o espaço e o tempo e nos (co)move a reabitar um novo e metafísico mundo.

Este REABITAR de primorosa poesia oferece poemas reinando em contínua corrente, onde imagens e mensagens tendem a fundir-se umas nas outras, num fluxo de pensamento cujo leito salta da página para atingir a mente do leitor. É um livro prenhe de dizeres que nos remetem para outras descobertas – para outros caminhos, num sucedâneo de linguagens poéticas. Ele diz dos invisíveis enraizados em escombros e, em alumbramentos, irrompe a luz para além da matéria como quem roga um interlúdio, um sono talvez, para o cansaço do que há na realidade.

Nesse campo, clareira de imagens e orações milagreiras cultivadas pela linguagem poética de um REABITAR, fazemos um percurso de visão e escuta e ao ***reabitar a casca corpórea do pensamento,*** nos sobressaltamos com os sentidos aflorados de quem após ouvir a ***oração dos mortos,*** ainda pode ouvir a ***natureza sussurrar um vento pacífico*** e pousar ***os olhos em nascentes***. É nesse campo imaginário do poeta – possivelmente, ***um lugar que deus nem conheça*** - vasto de clarividentes esperanças a desafiar a morte e, de generosas e acolhedoras sombras de uma possível felicidade, que o leitor sente-se (co)movido a conhecer.

Ressalto, o poema reabitar 2 nos remete à máxima de La Rochefoucaut que descerra a cortina ao falar "A felicidade está no gosto e não nas coisas; e é por ter o que se ama que se ama e não por ter o que outros acham amável".

1

a esperança
desafia a gravidade
e levanta os mortos

reanima os segredos da casa
com o toque do invisível

perturbamos
os domínios da morte
com nossa felicidade.

Demétrios Galvão insemina o poema com a semelhante identidade invertida que constitui a máxima de La Rochefoucaut, trazendo-a à tona quando, na contrafação dos signos, provoca o leitor com a força de sua antítese e de sua universal significação.

Lembrei dessa máxima, citada por Roland Barthes em seu *O Grau Zero da Escritura*, ao mesmo tempo que lembrei de uma de suas reflexões acerca de sua abordagem sobre a escrita poética, onde diz: (...) *Cada palavra poética constitui assim um objeto inesperado, uma caixa de pandora de onde escapam todas as virtualidades da linguagem* (...). Essas referências me levam, fatalmente, a dizer que nesse REABITAR proposto pelo autor, estamos diante de objetos inesperados – de caixas de pandora à espera das virtualidades de sua linguagem.

A singularidade da linguagem poética cultivada nesse REABITAR nos provoca inesperadas enlevações e profundidades. Não é apenas a potência e a beleza dos versos que podem provocar espanto e medrar o fluxo sereno do leitor sobre a riqueza textual, mas é, sobretudo, o que a formulação de suas palavras, eivadas de significação, são capazes de produzir. São formulações que podem trazer à tona *a memória úmida em suas reminiscências,* provocar a busca de um lugar *indizível onde a palavra não chega,* fazer a *travessia que avança sobre a mortalidade e prolonga a finitude,* levar ao *salto do visível para o invisível,* e buscar *o alívio dos males,* ao nos luzir, versando*: o afeto salva a vida dos homens.*

Nessas travessias o poeta aceita os enigmas do tempo, festeja o silêncio, não nega a morte, mas, não se entrega a ela. Pois que diante e dentro desse REABITAR – onde ideias e imagens afetam o leitor – acometendo-o por um potente sentimento: *não se pode morrer facilmente.*

George Steiner, em seu livro Gramaticas da Criação, diz que um gênero literário pode ser revigorado quando um mestre da linguagem dá o seu salto quântico. Creio que o poeta Demetrios Galvão, de leito de sua mestria, conseguiu dar esse salto quântico quando e onde:

lá onde os bichos são cegos
e a linguagem é um ruído,
uma faísca no escuro das águas.

Wanda Monteiro
maio de 2019

EDITORAMOINHOS.COM.BR

este livro foi composto, em junho de 2019, em tipologia noto serif no papel pólen bold para a editora moinhos enquanto "apesar de você" tocava numa sexta-feira à noite.

*

até a veja confirmava a veracidade das mensagens do telegram.